Das kleine Buch der Bauerngärten

FLECHSIG – KLEINE BIBLIOTHEK

In ihm steckt die Gartenweisheit von Generationen.

Wolf-Dietmar und Ursula Unterweger

Das kleine Buch der Bauerngärten

EIN PRAKTISCHER RATGEBER

FLECHSIG VERLAG WÜRZBURG

Eine nützliche und malerische Einheit

Inhalt

Ein Weg, der nicht weg, sondern hin zur Natur führt

Der Bauerngarten im Wandel der Jahrhunderte

Vom Urgarten zum Klostergarten

Die Geschichte des Bauerngartens ist eng verbunden mit der Entwicklung des Bauern. Der Charakter des Bauern wurde durch vielerlei Einflüsse geprägt; durch geographische und klimatische Gegebenheiten, starke und weniger starke Kontakte nach außen. Diese Einwirkungen wie auch die individuelle Veranlagung trugen zur Entstehung unterschiedlich ausgeprägter Bauerngärten bei.
Auf den ersten Blick sind sie sich alle ähnlich; beim genaueren Hinsehen stellt man jedoch fest, daß keiner dem anderen gleicht. In der Vielfalt liegt ihre Anziehungskraft.
Ihre Vorläufer dürften in einer Zeit entstanden sein, als aus Nomaden – Hirten oder Jägern – seßhafte Bauern geworden sind. Diese Epoche gilt als die Geburtsstunde des Urgartens, eines reinen Nutzgartens. Der Urgarten ist somit die ursprünglichste und damit niedrigste Entwicklungsstufe aller Gartenformen. Zu seiner Entstehungszeit war der Mensch noch völlig der Natur unterworfen, er stand in enger Beziehung zu den Pflanzen. Auf der Suche nach Nahrung lernte er sie kennen und brachte sie allmählich in die Umgebung seiner Behausungen, wo er sie im Feldbau in größeren Mengen kultivierte. Nicht alle der inzwischen kultivierten Wildpflanzen waren für den Feldbau geeignet oder wurden in solch großer Menge benötigt, daß sie auf dem Acker angebaut werden mußten. Mit der Trennung der in Kul-

tur genommenen Wildpflanzen in »Hack- und Feldfrüchte« schien der Zeitpunkt gekommen zu sein, daß sich die Bauersfrau um die Pflege der Hackfrüchte und Kräuter kümmern mußte. Die Anpflanzungen wurden in der Nähe der menschlichen Siedlungen angelegt und mußten vor Wild- und Haustieren geschützt werden. Man kann annehmen, daß der Bauerngarten so alt ist wie die bäuerliche Kultur selbst, und diese reicht bis auf 4000 Jahre zurück. Mit Sicherheit wissen wir, daß die eigentliche Entstehungsgeschichte des Bauerngartens auf das 5. Jahrhundert nach Christus datiert werden kann. Zu dieser Zeit nämlich wurde es den Bauern ermöglicht, kleine Flächen Land aus der genossenschaftlichen Flurnutzung, dem Flurzwang zu nehmen, um sie dann als »eigenen Garten« zum Sondernutzungsgebiet zu erklären. »Über das allgemeine Flurrecht hinaus« konnte der Garteninhaber diesen nutzen und dort pflanzen, was und wie er wollte – mit gewissen Einschränkungen aber, wie sich später (8. Jahrhundert) herausstellte.

Wenn man aber dem römischen Schriftsteller Tacitus Glauben schenken darf, dann kannten die Germanen um 100 nach Christus noch keinen Gartenbau, mindestens keinen, der seinen Vorstellungen von einer hochentwickelten römischen Gartenkunst entsprach.

Wirklich geregelten Gartenbau aber kennen wir mit Sicherheit erst im 8. und 9. Jahrhundert. Die Klöster beeinflußten und förderten ihn. Der St. Gallener Klosterplan vom Jahre 816 beschreibt die Anlage eines Klostergartens und gibt Aufschluß über die Notwendigkeit der praktischen Gliederung, Ordnung und Bepflanzung.

Den entscheidenden Anstoß für das, was die Bauern anzupflanzen hatten, gab das »Capitulare de villis et curtis imperialibus«,

Sinnbild eines echten Bauerngartens aus einer anderen Zeit

die Landgüterverordnung aus der Zeit Karls des Großen (742 bis 814 nach Christus), im Jahre 812 von ihm für seine weit verstreuten Güter erlassen.

Hildegard von Bingen und Einflüsse aus dem Orient

Die Geschichte des Bauerngartens kann ohne Hildegard von Bingen oder Hildegardis sancta (1098 bis 1179), wie sie im klösterlichen Schrifttum genannt wird, nicht geschrieben werden. Sie war eine der bedeutendsten Prophetinnen des christlichen Abendlandes. Die Äbtissin, die nicht nur theoretisierte, sondern auch einen reichen Arzneigarten pflegte, hatte für die Bauern

weiteres Wissen um die Heilwirkung der Kräuter und für ihre Gärten einen weiteren Pflanzenzuwachs. Zusätzlich zu den schon im frühen Mittelalter bekannten Pflanzen besiedeln bis damals noch unbekannte Gewächse wie Portulak, Meerrettich, Alant, Melisse, Basilikum, Bibernelle, Eisenkraut, Lavendel, Ringelblume und Pfingstrose als Nutzpflanzen, Heil- und Gewürzkräuter von nun an die Gärten der Bauern. Alle zählen sie heute zu den traditionellen Bauerngartenpflanzen.
Als ein weiterer Wegbereiter der Gartenkultur jener Zeit gilt der Dominikanermönch und scholastische Gelehrte Albertus Magnus (1193 bis 1280), der für seine Zeit außergewöhnliche naturwissenschaftliche Kenntnisse besaß. Er wird als erster bedeutender botanischer Schriftsteller in Deutschland gesehen und gilt als Wiederentdecker der wissenschaftlichen Pflanzenkunde, die durch Aristoteles begründet worden war.
Aus dem Mittelmeerraum brachten Mönche immer wieder neue Gewächse mit. Auch aus dem Vorderen Orient fand so manche Pflanze Eingang in unsere Gärten. Türkenbund, Rittersporn und Ysop, um nur einige zu nennen, brachten die Kreuzritter mit. Allesamt waren es Pflanzen, denen man eine große Heilwirkung nachsagte.
Bis zum ausgehenden 15. Jahrhundert übernahmen vor allem die Klöster eine führende Rolle bei der Verbreitung von Pflanzen und dem Wissen um deren Nutzen und Pflege. Vieles wuchs zuerst in den Klostergärten.
Nachdem die Bauern aber lange Zeit nicht einmal schreiben und lesen konnten, übten die mittelalterlichen Gartenanweisungen sicherlich nur einen indirekten Einfluß auf die bäuerliche Gartenkultur aus. Alles, was der Bauer wissen mußte oder wollte, wurde mündlich überliefert. Wie ein Bauerngarten zu jener Zeit

also aussah, vermitteln uns nur die Schriften der Gelehrten, der Nachlaß der Reichen oder die Niederschriften der Abgaben, die die Bauern an die Lehnsherren zu entrichten hatten.

Vom Nutz- zum Ziergarten

Mit dem Beginn des 16. Jahrhunderts gaben die Klöster ihre führende Rolle ab. Ärzte, Dorflehrer, Apotheker und reiche Bürger beschäftigten sich von nun ab mit der Pflanzenwelt, und der Bauerngarten trat in eine neue Phase. Nachdem sich bis zum Ausgang des Mittelalters die Einwanderung fremder Pflanzenarten sehr langsam vollzogen hatte, beginnt nun die kulturgeschichtliche Ära, in der der Bauerngarten zum verzierten Nutzgarten wird. In der Renaissance, der Wiedererweckung der Kunst und Kultur der klassischen Antike, zum Beginn der Neuzeit im 15. und 16. Jahrhundert, lernte man Gärten kennen, die den Schönheitssinn ansprachen. Als Vorbild nahmen sich Kleriker, Patrizier und reiche Bürger, die oftmals in Italien weilten, italienische Renaissancegärten. Aus dem 3. Buch des Petrus de Crescentiis holten sie ihre Anregungen. Sie schmückten ihre Gärten mit geschnittenen Hecken, Rondellen, Blumenrabatten und Buchseinfassungen. Die bäuerliche Bevölkerung holte sich Ideen aus den Gärten der Bürger, auf dem Dorf stellvertretend vom Garten des Lehrers oder Pfarrers.
Mit der Entdeckung Amerikas und der Erschließung neuer Handelswege bis in die entferntesten Gegenden der Erde kamen zusätzlich zum erwachenden Forscherdrang neue Gewächse in die Bauerngärten.
Großen Einfluß auf die Gartenkultur des 16./17. Jahrhunderts

Ein echter, alter Bauerngarten: nützlich, schön und praktisch

hatten Naturforscher, die dem Humanismus und damit antiker Tradition aufgeschlossen begegneten. Es entstanden berühmte Kräuterbücher aus den Federn von Hieronymus Bock, Otto Brunfels, Leonhard Fuchs, Conrad Gessner und Paracelsus. Zum ersten Mal wurden im 16. Jahrhundert Blumen ihrer selbst willen gepflanzt.

Entscheidend beeinflußt hat Conrad Gessner, Naturforscher, Historiker und Arzt aus Zürich (1516 bis 1565), die Gartenkultur des 16./17. Jahrhunderts. Er befaßte sich intensiv mit der Flora, legte nicht weniger als drei Gärten an und stattete sie mit seltenen, von ihm gesammelten Pflanzen aus. Dank seiner Freundschaft mit dem Apotheker Renward Cysat in Luzern, der besonders enge Kontakte zu Bauern pflegte, kommen ihre Erkenntnisse auch bäuerlichen Gärten zugute. Ihr Pflanzenbestand wird bekannt und weitet sich auch entsprechend aus. Spinat, Borretsch, Lauch, Benediktinerkraut, Endivie, Fenchel, Lavendel und vieles mehr wuchsen in den Gärten. Auch den Buchs traf man immer wieder als Beeteinfassung an. Rosen verschiedenster Arten, kultivierte und wilde, wurden von ihm beschrieben. Die Tulpe sah er in keinem bäuerlichen Garten. Ebenso nennt er die Würzpflanzen, die damals in den schweizerischen, sicher auch in den angrenzenden Gebieten Oberschwaben und Südschwarzwald gehalten wurden.

Der Bauerngarten im Barock und Rokoko

Die Barock- und Rokokozeit des 18. Jahrhunderts knüpften in der Gartenkultur an den Stand vor dem Dreißigjährigen Krieg an. Sie brachte den Bauern gegen Ende wieder mehr Unabhängigkeit und Freiheit und ließ die Bauerngärten in einer nie dagewesenen Pracht erblühen. Gestaltungselemente aus herrschaftlichen Gärten sowie die wegweisende französische Gartenkunst kamen von nun an auch in den Bauerngärten vor. Ein gewisser Wohlstand und äußerer Friede tragen im 18. Jahrhundert hauptsächlich in der Schweiz dazu bei, daß sich stattliche, barocke Gärten auch auf dem Land entwickeln konnten. Wer etwas auf sich hielt, hatte einen schönen Garten in barocker Ausführung, zumindest aber mit barocken Elementen ausgestattet. Ja sogar die Natur mußte sich unterordnen, sie wurde einem Reglement unterworfen. Bäume und Sträucher durften nicht mehr wachsen, wie sie wollten. Sie wurden zurechtgeschnitten. Buchs und Eibe eigneten sich besonders gut zum Figurenschnitt. Kugel-, Pyramiden- und Säulenformen, ja sogar Tierfiguren zierten die Gärten.

Dieser starke Eingriff in die Natur des Gartens zur Barockzeit, mehr noch die überzüchtete Lebensart des Rokoko, läßt nicht lange auf Kritiker warten. In Frankreich erinnert Jean-Jacques Rousseau mit seinem »Zurück zur Natur« wieder an die Grundwerte des Lebens. In England legt man als Reaktion auf diesen gekünstelten den Landschaftsgarten an, in dem der Natur großzügig freier Raum gewährt wird.

In Deutschland aber bleibt der Barock und das Rokoko im Bauerngarten noch einige Zeit erhalten. Stilelemente dieser Kulturepoche sind selbst dann noch vorhanden, als schon kulturhistorische Strömungen wie Empire, Biedermeier, Neoklassizismus und Gründerzeit Einfluß auf die Gartengestaltung und den Lebensstil in Europa genommen haben.

In der Mitte des 19. Jahrhunderts erscheinen regionale Bestandsaufnahmen von Bauerngärten unter kulturgeschichtlichem Gesichtspunkt, wobei erstmals festgestellt wird, daß der gute, alte Bauerngarten zu verschwinden droht.
In dem 1855 von Anton Kerner veröffentlichten Buch »Die Flora der Bauerngärten« erfährt man, daß schon zu jener Zeit »abgeschlossene Gebirgstäler« durchstreift werden mußten, um die von modischen Einflüssen »unangetastete Gartenflora« zu finden. Daß schon damals nach althergebrachten Bauerngartenpflanzen gesucht werden mußte, ist leicht zu verstehen, weiß man doch, daß viele der typischen und heute so beliebten Bauerngartenpflanzen, wie das Tränende Herz, die Balsamine, die Tigerlilie, die Sommeraster, die Chrysantheme, das Indische Springkraut, aus China, Japan und Südostasien, um nur einige zu nennen, gerade in diesem Zeitraum Eingang in die Bauerngärten fanden und angestammte Pflanzen dabei stark verdrängten.
Das Nützlichkeitsdenken griff immer mehr um sich. Auf der Strecke blieb eine jahrhundertealte Gartentradition. Bei all diesen unterschiedlichen Strömungen und Betrachtungsweisen über die Funktion des Bauerngartens wurde im 19. Jahrhundert – mit dem Beginn der Industrialisierung – der traditionelle Bauerngarten immer mehr unter dem Gesichtspunkt der Rationalisierung, der natürlichen Einfachheit, Regelmäßigkeit und Bequemlichkeit gesehen. Dennoch konnte sich bis in die Anfänge des 20. Jahrhunderts großenteils dank dem zähen Festhalten am Überlieferten und Altbewährten und an alter ländlich-bäuerlicher Denk- und Lebensweise – bis dahin eine besonders

ausgeprägte bäuerliche Tugend – der ursprüngliche Bauerngarten noch halten.
In den ersten drei Jahrzehnten des 20. Jahrhunderts herrscht noch die bäuerliche Denk- und Lebensweise des 19. Jahrhunderts vor, die dem traditionellen Bauerngarten in weiten Teilen des Landes seinen Bestand sichert. Die Bauern hielten vielfach am Bekannten und Bewährten fest. In seiner »Flora alter Bauerngärten und Friedhöfe« bedauerte Hans Scherzer, 1922, die Verdrängung der »guten, alten Bauernblumen durch wenig sagende Modeblumen«. Marzell waren 1927 die »recht unschönen Zäune aus billigem Drahtgeflecht« ein Dorn im Auge. Aber auch in dieser Zeit wird der schöne, alte Bauerngarten von professionellen Gartengestaltern wieder neu entdeckt und zu neuem Leben erweckt.
Aus Sorge um die Dorfkultur und Landbevölkerung, sicher aber auch um nationalsozialistisches Gedankengut unter das Volk zu bringen, nahm man sich emotional, aber auch sachlich, dieses Gartentyps an. In dieser Zeit wurden zahlreiche Arbeiten über den Bauerngarten veröffentlicht.
Was war in der Nachkriegszeit mit den Bauerngärten geschehen? Das schöne Alte, egal, ob es sich bewährt hatte, mußte dem Neuen weichen. Der Einfluß städtischer Gärten ist bis in die entlegensten Bauerngärten vorgedrungen. Entstanden sind nun Gärten mit gepflegtem Rasen, mit Blaufichten und fremdländischem Zuchtpflanzenbesatz. Von Pflanzen, mit denen man aufgewachsen ist, hält man nur wenig. Mit der Manifestation dieser neuen Gartentypen scheint die Zeit des alten, geschichtsträchtigen Bauerngartens in den Dörfern zu Ende zu gehen, sollte uns nicht eine neuerliche Wiederholung gelingen.

Früher ein gewohnter Anblick, und heute?

Gestaltung, Hege und Pflege des Bauerngartens – Ohne Zaun kein Garten

Wenn Sie die Tradition wieder pflegen wollen, dann legen Sie einen Bauerngarten an. Sie helfen dann mit, daß nach Jahrzehnten des Niedergangs diese intakte Gartenwelt zu neuer Blüte erwacht und der bäuerliche Garten nicht als Museumsgarten nur Alibi bleibt für die Zerstörung geschichtsträchtiger Gärten auf dem Lande. Sie tragen mit der Umwandlung dazu bei, daß wieder mehr Leben in Ihren Garten kommt. Anderen werden Sie Mut machen, den ihren ebenfalls in einen vitalen Garten mit Blumen und Kräutern mit bekannten Namen, satten Farben und würzigem Duft einzutauschen. Sie helfen dadurch und durch den Erhalt bzw. die erneute Pflanzung von Bäumen und Sträuchern der Großeltern, unsere von Gartenkatalogen abgestumpften Sinne wachzurütteln und der ökologischen Krise entgegenzuwirken.

Nachdem Sie entschieden haben, an welchem Standort Ihr Garten angelegt werden und welche Größe er bekommen soll, werden Sie sich Gedanken über die Einfassung machen.

Fällt die Wahl auf einen Zaun, so stellt sich die Frage, welcher geeignet ist. Denn ein Bauerngarten braucht seinen typischen Zaun. Wie wir wissen, war er früher Bedingung, um ungebetene Gäste, Wild und Haustiere fernzuhalten. Er war einerseits Symbol des Gartens, andererseits wurde er auch dem Urtrieb des Menschen gerecht, ein Stückchen Natur nach seinem Willen zu gestalten. Das Weglassen des Zaunes mag theoretische und ideelle Vorteile haben. Errichten Sie aber allen neuzeitlichen Bestrebungen zum Trotz einen Zaun; denn nur ein eingezäunter Garten kann den Eindruck eines geschützten Paradieses erwecken.

Einfach, natürlich und zugleich billig ist der historisch-traditionelle Hanichl- oder Staketenzaun. Er paßt zum Bauerngarten am besten, während Betonsockel und Maschendraht zu hart und zu nüchtern für solch einen lieblichen Garten sind. Der Jägerzaun ist ein teurer Modezaun und paßt wie alle halbhohen Zäune nicht zum Bauerngarten.

Ist die Entscheidung zugunsten des Staketenzauns gefallen, dann nehmen Sie 1,60 Meter lange Pfähle aus Lärche, Eiche oder Fichte. Am billigsten sind die aus Fichte, sie erfüllen ihren Zweck. Das Faulen des Holzes an der Übergangsstelle zwischen Erdreich und dem Freien verhindern Sie, wenn Sie einer alten Bauernregel gemäß den halben Pfahl von unten her einen Zentimeter tief ankohlen. Drehen Sie ihn in einem schwachen Feuer langsam. Er darf dabei jedoch nicht brennen. Verwenden Sie aber unter allen Umständen chemisch unbehandeltes Holz. Wenn Sie Holz mit Rinde benutzen, dann finden Marienkäfer und Schlupfwespe noch Schutz.

Die schrägangesägten Pfosten setzen Sie etwas tiefer, befestigen daran die Querlatten und nageln an diese die zugespitzten Latten beziehungsweise Hanichl – junge Fichten- oder Tannenstämmchen mit einem Durchmesser von zirka drei Zentimetern. Als Zaunpfosten können auch Sandsteinsäulen mit quadratischem Querschnitt (etwa 15 bis 20 Zentimeter) verwendet werden. Die Querhölzer werden in seitlich eingehauenen Vertiefungen eingehängt.

Ihrem Garten geben Sie einen besonderen Reiz mit einem Zaun aus Holzbrettern. 1,30 Meter lange, zugespitzte, eine Handspanne breite Bretter werden aneinandergereiht. Jedes siebte Brett ist oben herzförmig zugeschnitzt und mit einem Loch versehen. Es symbolisiert den Sonntag, wobei die einfachen Bretter die Werktage darstellen. Solch ein Zaun gleicht einer Krone um den Garten. Rundhölzer, Halbhölzer, geschnittene Latten, Bretter oder sogenannte Schwarten, die äußersten, von einem Baumstamm abgesägten Bretter werden als Staketen bezeichnet und können ebenfalls zum Zaunbau verwendet werden.
Vielleicht wollen Sie sich an die Herstellung eines Zaunes mit einem Flechtwerk aus Weidenruten wagen? Dieser Zauntyp war im frühen Mittelalter bereits bekannt und hielt sich viele Jahr-

Der Staketenzaun: einfach, natürlich und nicht teuer

hunderte hindurch. Er war damals der gebräuchlichste, verlangt aber handwerkliches Geschick zur Herstellung und muß ab und zu ausgebessert werden. Das mag vielleicht mit ein Grund sein, daß er kaum noch anzutreffen ist. Möglichst naturbelassen sollten die Latten sein. Schwarz angestrichene Zäune wirken wie ein Trauerflor. Wenn Sie das Holz vor allzuschnellem Faulen schützen oder Ihrem Zaun durch eine Farbe ein anderes Aussehen geben wollen, so nehmen Sie als Holzbehandlungs- beziehungsweise Anstrichsmittel natürliche, umweltfreundliche, wie sie im Handel seit geraumer Zeit angeboten werden.

Passend zum Zaun sollte auch die Tür sein. Ein von Kletterrosen oder Clematis umrankter, aus Holz gefertigter Torbogen am Garteneingang, wirkt einladend und malerisch zugleich. Ob sie den alten Volksglauben beherzigen wollen, daß Zäune nur bei abnehmendem Mond zu setzen sind, weil sie dann eine angeblich längere Haltbarkeit erhalten, ist Ihnen überlassen. Sicher sind Sie nur knie- oder halbhohe Zäune gewohnt, und es wird Sie überraschen, daß die Staketenzäune früher mindestens eineinhalb Meter, gebietsweise fast zwei Meter hoch waren. Sie können sich davon überzeugen, wenn Sie nach Thüringen und Sachsen fahren. Dort kann man solch alte Zäune noch in großer Zahl bewundern.

Lassen Sie Gräser, Kräuter, Blumen und Büsche als Begleitflora am Gartenzaun stehen! Geben Sie diesen Pflanzen eine Chance, sich mit dem Zaun zu verbinden.

Als Umzäunung können Sie auch Sträucher und Heckengehölze der heimischen Flora, wie Wildrosen, Weißdorn und Schlehen pflanzen. Beerentragende, dornen- und stachelbewehrte Arten sollten im Sinne des Vogelschutzes bevorzugt werden. Achten Sie aber darauf, daß nicht zuviel Schatten auf Ihren Garten fällt.

Der Zaun bringt Schutz und Frieden

Wenn das Gelände unbedingt eine Mauer zum Abstützen des Erdreiches erforderlich macht, dann errichten Sie eine Trockenmauer, das heißt ohne Mörtel, durch lockeres Aufschichten von unterschiedlich großen Steinen »trocken« aufgebaut. Sie läßt durch Einbeziehung von Lücken und Nischen vielfältiges Leben aufkommen. Eidechsen und andere seltene Kleintiere und Pflanzenarten werden sich einfinden – Tiere und Pflanzen, die durch das Verschwinden von Lesesteinwällen draußen in der Natur ihre Lebensräume eingebüßt haben.
Mit solch einer Einfriedung ist der erste Schritt zur Anlage eines Bauerngartens getan. Sie haben Schutz und Geborgenheit geschaffen und den Zaun harmonisch in die Umgebung eingegliedert.

Der Buchs gibt Bauerngärten ihr charakteristisches Aussehen

Gießen mit Kräuterjauche erspart Chemie und hilft der Natur

Die klassische Aufteilung des Bauerngartens

Nachdem Ihr Garten nun den äußeren Rahmen hat, werden Sie überlegen, wie Sie ihn einteilen wollen. Durch die traditionelle Form wird ihm eine deutliche, klar erkennbare Ordnung vorgegeben. Die klassische Aufteilung ist ein Wegekreuz, wodurch vier Quadrate oder gleichgroße Rechtecke entstehen. Heute noch sind dies die Grundelemente zahlreicher bäuerlicher Gärten in der Schweiz und im Münsterland. Ein Rondell in der Mitte des Kreuzungspunktes gibt dem Garten eine ganz besondere Note. Wenn aus Platzgründen eine Vierteilung nicht möglich ist, dann kann allein schon durch die Halbierung der Fläche eine übersichtliche Gliederung erzielt werden. Um dies zu verstärken, um dem Garten inneren Halt und Richtung zu geben, faßt man die Beete mit einer Buchshecke ein. So erkennt man selbst im Winter, im Schnee, noch seine gradlinige, geordnete Form. Die immergrüne Hecke muß einmal im Jahr, am besten im Frühsommer geschnitten werden. So bleibt sie dicht und frisch. Bis aufs Holz darf sie jedoch unter keinen Umständen zurückgeschnitten werden. Ohne Schaden zu nehmen, verträgt sie kalte Winternächte wie auch im Sommer die volle Sonnenbestrahlung. Regelmäßige Düngung mit Kuhmist verleiht ihr kräftigen Wuchs, dichtes dunkelgrünes Blätterwerk. Kurzum, sie kann ihre ganze Schönheit entfalten.

Haben Sie Ihren Wohnort in einer Gebirgsgegend, in der härtere

Pflanzenkleid eines Bauerngartens in der Hohenlohe im 19. Jahrhundert Lebensraum für eine Vielzahl von Lebewesen wie Bienen, Käfern und Schmetterlingen

Witterungsbedingungen und andere Bodenverhältnisse herrschen, beziehungsweise ein ebener Platz erst geschaffen werden muß, dann müssen Form und Einteilung des Gartens den gegebenen Freiräumen angepaßt werden. Die Aufteilung in Beete wird dennoch eine rein praktische sein; doch unregelmäßig groß werden die Flächen sein, die Sie durch Wege geteilt haben. Die Buchseinfassung der Beete können Sie selbstverständlich weglassen. Solche einfachen Anlagen finden sich in vielen unkonventionellen Bauerngärten wieder, im Norden wie auch im Süden. Häufig trifft man sie in Tirol und in Südtirol an. Buchseinfassungen waren dort schon immer reine Verschwendung. Einfach in der äußeren Form und in der Ausstattung bescheiden

sind es dennoch Bauerngärten, denen es nicht an Poesie und Anmut mangelt.
Trotzdem war im Bauerngarten die klassische Beet- und Wegbegrenzung die Buchshecke. Wer es sich leisten kann, aus finanziellen und aus Platzgründen, sollte diese alte Gewohnheit wieder zu neuem Leben erwecken. Aber auch andere Methoden der Beet- und Wegeinfassung gibt es. In steinigen Gegenden, insbesondere im Gebirge, wurde früher aus der Not eine Tugend gemacht. Man verwendete zur Einfassung kantige Bruchsteine, rundgeschliffene Flußkiesel oder vom Feld gesammelte Lesesteine. Eingewachsen, mit Moos und Flechten überzogen, geben sie dem Garten einen lebendigen Eindruck.
Lassen Sie sich nicht zu einer Eingrenzung mit Betonplatten verleiten, wie sie sich in vielen Gärten breitgemacht hat. Man kann auch die Beete mit Brettern einfassen, die man an Pflöcken befestigt. Ziegelsteine schräg in den Boden eingesetzt, eignen sich ebensogut. Die Einfassung der Wege und Beete aus palisadenartig eingegrabenen Stammstückchen sowie mit waagrecht gelegten Holzstangen kann ebenfalls empfohlen werden. Auch in diesem Fall sollte das Holz chemisch nicht vorbehandelt sein und aus heimischen Gehölzen der näheren Umgebung stammen. Beton, Asphalt, Verbundsteine, Pflastersteine, die Fugen mit Teer versiegelt, damit alles Pflanzliche dazwischen abstirbt – das sollte der Vergangenheit angehören.
Geben Sie dem Gartenweg einen pflanzenfreundlichen Belag aus gestampftem Lehm, gewaschenem Kies, losen Steinen, Rindenmulch oder sonstigen natürlichen Produkten. Mit all diesen erdnahen Materialien läßt sich ein wetterfester Weg anlegen; außerdem geben Sie dem Gartenweg eine lebendige Oberfläche.

Die Dahlie gelangte 1789 von Mexiko und Guatemala zu uns

Am wenigsten Arbeit wird Ihnen das Anlegen eines Trampelpfades machen; denn dieser bildet sich von selbst an den Stellen, die Sie häufig begehen. Wird er aber nur selten begangen, so müssen Sie diesen Wiesenweg ab und zu mähen.

Gestampfter Lehm hat den Vorzug, daß er nach häufigem Begehen verdichtet und so das Einwachsen von Unkräutern in den Weg verhindert. Saubere Schuhe behält man auch bei Regenwetter, wenn auf dem verfestigten Weg gewaschener Kies aufgebracht wird.

Einen dauerhaften Wegbelag erhält man, wenn auf der Sandunterlage Natursteinplatten oder Pflastersteine verlegt werden. Verlegen Sie aber nicht bündig, so daß zwischen den Fugen kleinstes Leben noch eine Möglichkeit zur Entfaltung hat.

Früher, als Eichenrinde in Gerbereien noch verwendet wurde, streute man auf die Wege häufig die ausgelaugte Eichenrinde, die sogenannte Gerberlohe. Auf dem schönen, rotbraunen Wegbelag konnte man besonders angenehm gehen. Heutzutage, nachdem Eichenrinden in der Gerberei nicht mehr eingesetzt werden, bietet sich als Ersatz Baumrinde an, die im Forst durch maschinelle Schälung von Stammholz anfällt. Eine drei bis fünf Zentimeter dicke Rindenschicht genügt, wenn der Weg befestigt ist. Ansonsten ist es ratsam, das Wegbett 10 bis 15 Zentimeter auszuheben und mit Rinde aufzufüllen. Mit der Zeit verdichten sich die locker aufgetragenen Rindenschnitzel durch Begehen und Verwitterung, so daß es von Zeit zu Zeit angebracht erscheint, frisches Material wieder aufzufüllen.

Schiefer, Sandstein, Granit, Muschelkalk, bieten sich dort, wo sie in der Umgebung vorkommen ebenso als Wegbelag an. Besonders schön sind Pflaster aus Stirnholz.

Die Ringelblume wird wegen ihrer Heilkraft sehr geschätzt

Die Stockmalve wächst seit Jahrhunderten im Bauerngarten

Gartenfuchsschwanz, auch Herrgottsgeißel genannt

Gewöhnlich werden die Hauptwege in einer Breite von 80 bis 100 Zentimetern angelegt; am besten so breit, daß die Bewirtschaftung leicht durchgeführt werden kann und dennoch nicht unnötig Platz verschwendet wird. Auch die Beete sind gerade so breit, daß sie noch gut zu bearbeiten sind.

Um der Schneckenplage Herr zu werden, hat es sich als vorteilhaft erwiesen, wenn man zwischen die einzelnen Beete Bretter legt. Dreht man sie tagsüber um, kann man sehr leicht die anhaftenden Schnecken ablesen. Bei nassem Wetter behält man zudem trockene Schuhe.

Ein Garten, der sich im ökologischen Gleichgewicht befindet

Von guter Nachbarschaft – Der Bauerngarten braucht keine Chemie

Wir müssen uns bewußt sein, daß heute wie früher jede Pflanze und jedes Tier, seien sie auch in die von Menschen geschaffene Kategorie Nützlinge oder Schädlinge eingereiht, im Naturkreislauf eine sinnvolle und natürliche Funktion zu erfüllen haben. Dennoch ist es wichtig, einige Pflanzen und Tiere im Garten in gewissen Grenzen zu halten, um die Nutzpflanzen entsprechend fördern zu können.

Während heute für alle Schädlinge, Krankheiten und Unkräuter chemische Vertilgungsmittel zur Hand sind, lautet im alten Bauerngarten der Leitspruch: »Zu jeder Pflanze die passende Nachbarschaft und das Gießen mit Kräuterjauche«. Die fördernde und hemmende Wirkung, die Pflanzen aufeinander haben, wenn sie nebeneinander wachsen, sollten auch Sie in Ihrem Bauerngarten durch Mischkulturpflanzen einsetzen und voll zur Geltung kommen lassen. Sinnvolles Abstimmen von Pflanzengemeinschaften, die sich gegenseitig fördern und ungebetene Schädlinge fernhalten, ist die große Kunst des biologischen Gartenbaus. Das Wissen dazu haben unsere Vorfahren von Generation zu Generation weitergegeben. Doch fast ist es versiegt, und wir müssen es wieder neu erlernen, es in Büchern nachlesen beziehungsweise durch Experimentieren neu erforschen.

Bestimmte Lebewesen zu fördern ist ebenso wichtig, um den natürlichen Kreislauf im biologischen Bauerngarten zu schlie-

Die Offenbarung des Geheimnisses schöner, alter Bauerngärten

ßen. Blatt- und Rotläuse, Erdflöhe, Ameisen, Fliegen, Nematoden (Wurzelälchen), Schnecken und Kohlweißlinge können durch Vögel, Schmetterlinge, Schwebfliegen, Marienkäfer, Florfliegen, Ohrwürmer, Spinnen, Kröten, Maulwürfe und Igel in gewissen Grenzen gehalten werden. Die Anwesenheit von Vögeln zu fördern, sollte für jedermann zur Selbstverständlichkeit werden. Schon unsere Vorfahren wußten, daß aus diesem Grund »neunerlei Holz« zu pflanzen sei.

Lassen Sie Laufkäfern, Mistgräbern, Totengräbern, Asseln, Tausendfüßlern und Spinnen im Garten ihr Recht auf Leben, wogegen Sie den Schnecken durchaus nachstellen sollten. Welche Methode aber die beste ist, um diesen gefürchteten Tieren Herr zu werden, ist schwer zu sagen. Am sinnvollsten ist es, sie regelmäßig morgens und abends abzulesen. Auf jeden Fall aber sollte kein Schneckenkorn verwendet werden. Darüber hinaus empfehlen wir, die Lebensräume ihrer Gegner so natürlich wie nur möglich zu lassen.

Dazu gehört, Reisig- und Laubhaufen, dichte Hecken, Ruderalflächen und Tümpel anzulegen, damit Igel, Kröten, Frösche, Amphibien, Maulwürfe und Enten leben und sich wohlfühlen können.

Tierische Schädlinge, Pilze und sonstige Krankheiten lassen sich ebenso durch geeignete Mischbepflanzungen in Grenzen halten oder ganz vertreiben. Durch die Randbepflanzung mit Kräutern wie Salbei, Thymian, Ysop, Malve und Lavendel, aber auch durch Beipflanzung dieser Heilkräuter im Stauden- und Rosenbeet werden Schnecken und Läuse sicher ferngehalten. Die Kaiserkrone, die ebenso wie Knoblauch als bewährtes Mäuseabwehrmittel dient, soll in Nachbarschaft von Lilien stehen. Sie dient hier als Fangpflanze für die Lilienhähnchen. In Ihrem ganzen Garten, auch zwischen dem Gemüse, wird sich die Ringelblume, eine wichtige Heilpflanze, ihr Heimatrecht suchen. Als ganzjährige Begleitpflanze wird sie zur Untersaat bei Rosen und Stauden wegen ihrer nematodenhemmenden Wirkung sehr geschätzt. Auch die Tagetes, besonders die hohe, unangenehm riechende Form, hat im Wurzelbereich eine nematodenhemmende Wirkung und sollte deshalb mitgepflanzt werden.

Das Mutterkraut, eine Staude, eignet sich als Nachbarschaftspflanze zu allen anderen Stauden. Die Königskerze ist gut bei den Rosen plaziert, und der Borretsch gilt als verschönernde, nützliche Nebenpflanzung. Alle Zwiebelarten gelten als schädlingsabwehrende Pflanzen.

Ganz selbstverständlich ist es, daß auch Unkräuter in einem Bauerngarten wachsen. Diese stützen und schützen ebenso die Begleitpflanzen, selbst wenn es sich um Nutzpflanzen handelt. Je nach Bodenbeschaffenheit wachsen unterschiedliche Arten im Garten. Sie werden nicht überhand nehmen, wenn die Bodenzusammensetzung ausgewogen ist. Doch kommt man nicht umhin, auch im biologischen Bauerngarten Unkraut zu jäten.

Durch Mischkultur, aber auch den Einsatz älterer, widerstandsfähiger Pflanzen, sind Pflanzenschutzmaßnahmen in Ihrem neuangelegten Bauerngarten kaum nötig. Statt der Schädlingsbekämpfung haben Sie als biologisch denkender Gärtner bewußt den Weg der Schädlingsabwehr gewählt. Nimmt der Schädlingsbefall aber dennoch einmal durch anhaltende Trockenheit oder Regenfälle über das Erträgliche zu, dann stehen auch Ihnen noch zahlreiche natürliche Pflanzenschutzmittel in Form von Kräuterjauchen zur Verfügung. Diese werden selbst hergestellt.

Im Bauerngarten: Zu jeder Pflanze die passende Nachbarschaft

Brennesseljauche eignet sich besonders gut zur Bekämpfung von Läusen. Mit Ackerschachtelhalmbrühe lassen sich Pilzerkrankungen angehen. Jauche aus Rainfarn vertreibt verläßlich Milben, Himbeerkäfer und Blattwespen, Holunderjauche wirkt Wunder gegen Erdflöhe. Auch Baldrianjauche wird im biologischen Gartenbau gern verwendet. Sie erhält und fördert die Widerstandsfähigkeit von Pflanzen gegen eine Vielzahl von Schädlingen. Milbenbefall und Pilzerkrankungen lassen sich erfolgreich mit einer Brühe aus Zwiebeln und Knoblauch bekämpfen. Der Plage von Schild-, Schmier- und Blutläusen begegnen Sie am besten mit einer Wurmfarnbrühe. Blattläuse, Säulchenrost an Johannisbeeren, Brombeermilben, Raupen und Ameisen vertreibt man mit einem Auszug aus Wermut. Kohlweißlingsschmetterlinge werden vom Kohl abgehalten, wenn Sie die jungen Kohlpflanzen alle zwei Tage mit Tomatenblätterjauche besprühen. Der fremde Duft irritiert sie. Mitunter beträchtliche Schäden werden im Gemüsebau von der kleinen Kohlfliege verursacht. Wenn die Pflanzen mit einem wäßrigen Salbeiextrakt behandelt werden, lassen sich die Insekten derart verwirren, daß es zu einem verzögerten Anflug der Kohlfliege kommt, einer verkürzten Aufenthaltszeit auf den Blättern und letztendlich zu einer verminderten Eiablage.

Auch für den Gemüsegarten gilt das gleiche Prinzip wie für den Blumengarten. Gemüse und Salat gedeihen nur in bestimmter Nachbarschaft gut. Die ungeschädigte und unverdorbene Natur ist auch dem Bauerngarten Vorbild. Keine Monokultur, nirgends unbedeckter, unbewachsener Boden. Die Pflanzen werden so zusammengestellt, daß sie positiv aufeinander einwirken, daß sie sich gegenseitig schützen, stärken und helfen. Hierzu eignet sich am besten die Reihenkultur und nicht der beetweise Ein-

Blumen und Nutzpflanzen in harmonischer Zusammenfindung

heitsanbau. Bei dieser Mischkulturmethode wechseln die Kulturen nicht zeitlich von Jahr zu Jahr, sondern örtlich von Reihe zu Reihe. Nach dem Vorbild der Natur entsteht so eine gemischte Pflanzengesellschaft.

Nichts ist also zufällig zusammengewürfelt. Alles ist mit System angelegt. Der wichtigste Gesichtspunkt ist die direkte Nachbarschaft. Nachbarschaften, die sich gegenseitig günstig im Wachstum beeinflussen oder sich vor Krankheiten schützen.

Blumenschmuck am Bauernhaus ist schön und nützlich zugleich

Ein Biotop für Pflanzen und Tiere – zum Nutzen der Umwelt

Wissenswertes über Gemüse, Kräuter, Obst, Bäume, Hecken, Unkräuter und Blumen

Früher gab es im Bauerngarten eine geringe Auswahl an Gemüse. Heute aber sind alle landesüblichen Arten und Sorten dort zu finden. Sie haben sich über viele Jahrhunderte hinweg aus einfachen Wildformen zu ertragreichen Gemüsesorten entwickelt. Sie sorgen für Abwechslung auf dem Speiseplan und beugen Mangelerkrankungen vor.

Gemüse

Viele Blumen und Kräuter sind typische Bauerngartenpflanzen. Dies trifft jedoch nicht für das Gemüse zu. Inzwischen wird alles kultiviert, was an Samen und Pflänzchen im Frühjahr zu bekommen ist.
Kohlgemüse, wie Kohlrabi, Weißkohl (Weißkraut), Rotkohl (Rotkraut), Wirsing oder Welschkohl, Grün- oder Krauskohl, Rosen- oder Sprossenkohl und Blumenkohl wird angebaut. Blattgemüse, wie Mangold, Kopfsalat, Schnitt-, Blatt- oder Pflücksalat, breitblättrige Endivie, Spinat. In manchen älteren Gärten sind noch Gartenmelde, Guter Heinrich und Erdbeerspinat zu finden. Hülsenfrüchte sind ebenso beliebt: Gartenerbse, Stangenbohne und Buschbohne, einst noch die Feuerbohne. Als Rüben- und Wurzelgemüse kennt man die Steck- oder Kohlrübe, die weiße Rübe, Herbst- oder Stoppelrübe, Rettich, Radieschen,

Ein traditioneller Bauerngarten in seiner klassischen Anlage

die Gartenmöhre (gelbe Rübe oder Karotte), die rote Rübe, auch rote Beete genannt. Sellerie, Knollen- oder Wurzelsellerie, Eppich, Wurzel- und Knollenpetersilie wie die Blattpetersilie und die Schwarzwurzel werden im Bauerngarten ebenso in Kultur genommen. Zahlreiche Zwiebelarten haben Einzug gehalten: die Zwiebel, die Küchenzwiebel schon von alters her, Porree; Breit- oder Winterlauch waren schon im alten Ägypten sehr beliebt. Die Schalotte, Eschlauch, Winterzwiebel, auch Röhrenlauch genannt, sind ebenfalls keine Unbekannten. Weitere bekannte Gemüsearten fanden Aufnahme im Bauerngarten: Gurke, Kürbis, Meerrettich, Gemüserhabarber und nicht zu vergessen die Tomate, die aus Peru und Ecuador kommt.

Kräuter

Nachdem die Gemüsepflanzen in einem oder mehreren Beeten untergebracht sind, werden auf die restlichen Beete die Würz- und Heilkräuter verteilt. Selbstverständlich können diese Kräuter auch den Rand Ihrer Gemüsebeete säumen oder ausgesät werden, wo gerade Platz ist. Einjährige Kräuter, wie Anis, Basilikum, Borretsch, Dill, Kamille, Kerbel, Koriander, Majoran und Senf, müssen jedes Jahr im Frühjahr neu ausgesät und gezogen werden. Sie zeichnen sich durch frühes Blühen aus und sind äußerst frostempfindlich. Zweijährige Kräuter sollten im Frühjahr, spätestens im Sommer zur Aussaat kommen. Sie überwintern mit Stengel und Blättern, um im zweiten Jahr zu blühen, zu reifen und danach abzusterben. Zu ihnen zählen der Kümmel und die Petersilie. Länger aber ist die Liste der andauernden Kräuter: Baldrian, Beifuß, Bohnenkraut, Eberraute, Estragon, Fenchel, Knoblauch, Lavendel, Liebstöckel, Meerrettich, Melisse,

Oregano, Pfefferminze, Pimpinelle, Poleiminze, Raute, Rosmarin, Salbei, Sauerampfer, Schnittlauch, Thymian, Wintermajoran, Wermut, Zitronenmelisse, Ysop. Alle überwintern entweder als Wurzelstock oder verholzende Halbsträucher ohne Blätter. Jeden Frühling treiben sie von neuem aus. Erst nach mehreren Jahren sollten sie durch Teilung des Wurzelstockes verjüngt werden.
Auch im Zeitalter der modernen Medizin vermögen Heilkräuter immer noch gute Dienste zu leisten. Daß Würzkräuter eine ernährungsphysiologisch wichtige Rolle im Wohlbefinden des Menschen spielen, dürfte bekannt sein. Die Vielfalt an Kräutern im Bauerngarten unserer Vorfahren wurde mehr für medizinische Zwecke als zum Würzen genutzt. Durch Blättern in alten Naturheil- und Kräuterbüchern und aus Erzählungen alter Bäuerinnen wird uns bewußt, welch bunter Kranz von Sagen, Aberglauben und Volksbräuchen sich um den Kräutergarten rankte. Ihm traten die Menschen mit Vertrautheit, Ehrfurcht und Liebe entgegen und suchten bei den Pflanzen Heilung in ihren Leib- und Seelennöten. Die Menschen jener Zeit brachten der Heilwirkung der Pflanzen ihr ganzes Vertrauen entgegen, vermochten aber zwischen Wirklichkeit und Aberglaube kaum zu unterscheiden. Auch in unserer aufgeklärten Zeit ist die Naturwissenschaft nicht in der Lage, auf die Frage »Ist gegen jede Krankheit ein Kräutlein gewachsen?« eine befriedigende Antwort zu geben.
Wenn Sie aber Ihren Heilkräutern keinen festen Platz in Ihrer Hausapotheke einräumen wollen, dann erfreuen Sie sich einfach an ihrer Schönheit und dem Duft. Diese Gewächse sind auch ihrer Blüte und Blätter wegen als Zierpflanzen äußerst wertvoll. Und bedenken Sie, daß im Umkreis solch aromatischer Pflanzen weniger Schädlinge anzutreffen sind.

Obst

In den Bauerngarten gehört Beerenobst. Sein bevorzugter Standort ist entlang des Zaunes, an einer oder mehreren Seiten des Gartens, im Schatten von Sträuchern oder Bäumen. Rote, schwarze und weiße Johannisbeeren, Stachelbeeren, Himbeeren, Brombeeren sind dankbar und brauchen wenig Pflege. Für Erdbeeren sollten Sie einen sonnigen Platz aussuchen.

Zahllose Legenden ranken sich um den Holunder, ein altes Kulturgut, als Holder, Holler oder schwarzer Flieder bekannt. Als Beschützer von Haus und Hof, in dem der gute Hausgeist wohnt, wurde er geachtet. »Vor dem Holler sollst du den Hut abziehen«, hieß es unter der Landbevölkerung. Sie fühlte sich seit altersher eng mit ihm verbunden. Wenn Sie ihm wieder ein Stück Heimat geben, wird er es Ihnen durch seine vielseitige Heilwirkung danken. Flieder, Wacholder, Eibe, Buchsbaum, Sadebaum, Haselstrauch oder Kornelkirsche füllen die Ecke Ihres Nutz- und Ziergartens sinnvoll aus.

Bäume

Der Mensch hatte schon immer ein besonderes Verhältnis zu Bäumen – sie wachsen höher, leben länger –, er verehrte sie als heilig. Man möchte meinen, daß dies auch heute noch so ist, daß er jeden Baum, der lebt, als eine Kostbarkeit betrachtet. Doch dies ist nicht mehr der Fall. Er hat den Schutz, den er in früheren Zeiten als Sinnbild ewigen Lebens hatte, verloren.

Bäume spielten in früheren Jahrhunderten für den Bauern eine große Rolle. Sie standen aber nie im eigentlichen Bauerngarten,

Hagebutten zeichnen sich durch einen hohen Vitamingehalt aus

sondern in dessen näherer und weiterer Umgebung. So sollten auch Sie Ihr Hofgelände mit einem oder mehreren Hausbäumen verschönern: einem schattenspendenden Walnußbaum, einer Linde, Roßkastanie, einer Eiche, Ahorn, Esche oder Ulme.
Lassen Sie ruhig auch einen alten, abgestorbenen Baum stehen. Übergeben Sie ihn der Natur, die die Arbeit des Verrottens übernimmt.
Ein Haus ohne Spalierbaum oder Weinrebe war früher undenkbar. Geben Sie Ihrer Hausfront ein lebendiges Gesicht, begrünen Sie sie mit einem Spalierobstbaum, einer Weinrebe oder einer anderen Kletterpflanze. Sie sind ein Stück Natur an Ihrem sonst vielleicht etwas nackt und leblos dastehenden Haus. Dadurch helfen Sie mit, unsere Umwelt lebenswerter zu gestalten, das heißt das Klima und die Luft zu verbessern und das Auge zu erfreuen. Die Wirkung von Kletterpflanzen ist dieselbe wie von Bäumen, nur nehmen sie weniger Platz ein.
Unsere Vorfahren hatten Obstbäume mit Sicherheit in erster Linie für die Selbstversorgung angepflanzt. Sie wußten bestimmt nicht, daß sie dadurch auch das ökologisch und klimatisch Vernünftigste getan hatten. Unbestritten ist die positive Auswirkung auf das Kleinklima eines Bauernhofes, eines Dorfes. Mit der Anlage eines Obstgartens und der Bepflanzung mit widerstandsfähigen, alten Hochstammsorten tragen Sie zur biologischen Stabilität der Kulturlandschaft bei. Sie helfen einer auf Obstgärten spezialisierten, einzigartigen Tierwelt. Hochstammobstbäume alter Sorten stehen für Schönheit und Harmonie wie für Tradition, die weitergegeben und gepflegt werden sollte.
Bemühen Sie sich um alte Sorten. Vor nicht allzulanger Zeit standen dem Bauern noch einige Hundert zur Auswahl. Über Sorten, die für Ihre Gegend typisch sind, kann sicher ein älterer

Bauer noch Auskunft geben. Eine Wiederbelebung dieser vielfältig einsetzbaren und so unterschiedlich schmeckenden Sorten ist notwendig, da sie uns als genetisches Reservoir für die fernere Zukunft zur Verfügung stehen sollten.
Bedenken Sie weiterhin, daß Bäume menschliche Generationen überdauern und von unseren Vorfahren deshalb benutzt wurden, um sich symbolisch über Kinder und Kindeskinder hinweg fortzupflanzen. Ganz unbewußt wurde dadurch aber auch der Nachwelt ein Naturdenkmal gesetzt, das in früheren Zeiten als Sinnbild ewigen Lebens und somit als eine Kostbarkeit betrachtet und geschützt wurde.
Ein schöner alter Brauch war es, bei der Geburt eines Sohnes einen Apfelbaum, bei der Geburt einer Tochter einen Birnbaum zu pflanzen. Vielleicht wollen auch Sie ihn wieder aufleben lassen.

Hecken

Unsere Vorfahren kannten den Wert der Hecke, und wir lernen, ihren Nutzen neu zu begreifen. Als komplexes Ökosystem erfüllt sie im Gesamthaushalt der Natur wichtige Funktionen. Je abwechslungsreicher sie gestaltet und je naturnaher sie belassen wird, desto vielfältiger ist das Leben in ihr und um sie herum. Alles was krabbeln, kriechen, fliegen, schleichen und laufen kann, findet in ihr Schutz. Als Wasserspeicher und Windschutz regulieren Hecken den Wasserhaushalt, schaffen und stabilisieren darüber hinaus das Kleinklima. Ihr ästhetischer Wert und ihr Zweck zur Grundstücksabgrenzung sind nicht minder wichtig.

Seit Generationen bewährt und zeitlos schön

Pflanzen Sie heimische Sträucher! Wechseln Sie dichte, undurchdringliche Gehölze, die zum Teil Dornen oder Stacheln tragen, mit lichteren Gruppierungen ab! Hainbuche, Schwarz- und Weißdorn, Brombeere und Heckenrose werden von Vögeln bevorzugt als Schutz- und Deckungsplätze angenommen. Sie leisten einen aktiven Beitrag zur Bekämpfung von Schädlingen in Ihrem Garten und der näheren Umgebung.
Vergessen Sie beim Pflanzen Ihrer Hecke nicht, immer wieder einen hochstämmigen Laubholzbaum beziehungsweise Obstbaum dazwischen zu setzen. Es ist wichtig, daß der Großteil der Pflanzen Blüten und Beeren trägt, damit Bienen und Vögel sich davon ernähren können. Einige der Sträucher, die zur Bepflanzung in Betracht kommen, sind: Bluthartriegel, Kreuzdorn, Schlehe, Hundsrose, Heckenkirsche, Brombeere, Öhrchenweide, Himbeere, Faulbaum, Kornelkirsche, Purpurweide, Gewöhnlicher Schneeball, Wolliger Schneeball, Haselnuß, Sanddorn, Schwarzer Holunder, Weißdorn, Vogelbeere, Pfaffenhütchen, Feuerdorn und Felsenbirne. Als Bäume: Holzapfel, Salweide, Steinweichsel, Speierling, Eibe, Schwarzerle, Traubenkirsche, Hainbuche, Vogelkirsche, Feldahorn, Eberesche, Mehlbeere sowie hochstämmige Obstbäume, möglichst aus Baumschulen der nahen Umgebung. Für die Schmetterlinge pflanzen Sie einen Sommerflieder.

Sogenannte Unkräuter

In den Randbereichen Ihres Gartens, am Gartenzaun, entlang der Scheune, unter der Hecke, den Bäumen und Büschen, am Holzstapel und anderswo sollte es Unkräutern erlaubt sein, wachsen zu dürfen. Unkräuter, heute als Wildkräuter oder Begleitflora verstanden, haben vielfältige Funktionen. Sie helfen, Ihren Garten chemiefrei zu halten, damit Ihre eigene Lebensgrundlage und die ihrer Nachkommen gewährleistet ist. Somit sind sie Nutz- und Zierpflanzen gleichwertig.

Blumen

Noch gar nicht so alt ist der Brauch, Balkon und Fenster mit Blumen zu schmücken. Aber wirklich schöne, einladende Fassaden mit leuchtendem Blumenschmuck kennt man erst seit zirka 30 Jahren. Leider läßt die Vielfalt an Blumen zu wünschen übrig. Immer wieder sieht man das gleiche Pflanzeneinerlei: Geranien, Begonien, Fuchsien und Petunien. Früher steigerte man mit dem Gefäß die Schönheit der Pflanzen. Das ganze Augenmerk der Bauersfrau richtet sich auf üppiges Blühen und Sich-zur-Schau-Stellen. Große Mengen an Chemie werden eingesetzt, um beim Dorfverschönerungswettbewerb positiv aufzufallen. Versuchen Sie es ohne Chemie. Füllen Sie nicht immer nur Humus in Ihre Kästen ein. Nehmen Sie auch einmal einen nährstoffarmen Boden und säen Sie eine Wiesenblumenmischung. Ohne Chemie, an das geringe Nährstoffangebot angepaßt, werden leuchtend gelb, violett, rot oder weiß blühende Blumen Ihr Auge sowie Schmetterlinge, Hummeln und Bienen bis in den Spätsommer hinein erfreuen.

Mit der Anlage eines Bauerngartens und der Beherzigung all der vorgenannten Ratschläge lebt die Tradition unserer Vorfahren weiter. Ein überliefertes Stück Kultur hilft mit, das Pflanzenkleid des Dorfes vielfältig zu gestalten und mit neuem Leben zu erfüllen.

Der Staketenzaun paßt in die ländliche Gegend am besten

Sonderausgabe für Flechsig-Buchvertrieb

Printed in Germany

ISBN 3-88189-179-X